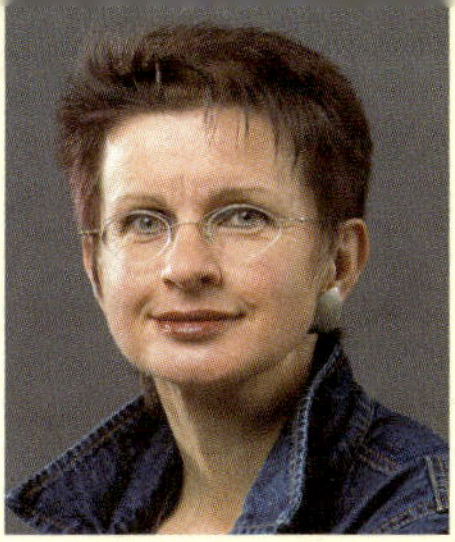

# Laternen

*Jedes Jahr wieder leuchten Kinderaugen mit den Laternen um die Wette, die sie stolz beim Martinsumzug vor sich hertragen. Doch nicht nur hier, sondern auch auf Tischen und auf der Fensterbank erhellen die kleinen Kunstwerke den herbstlich geschmückten Raum und verbreiten behagliche Stimmung.*
*Meine Autoren-Kolleginnen Anke Fürst, Anna Padberg, Monika Neubacher-Fesser und ich stellen Ihnen in diesem Band Laternen vor, die Kinder mit ein wenig Hilfe leicht nacharbeiten können.*

*Ihnen und Ihren Kindern wünschen wir dabei viel Spaß!*

*Ihre Ulrike Hundhammer*

## Inhaltsverzeichnis

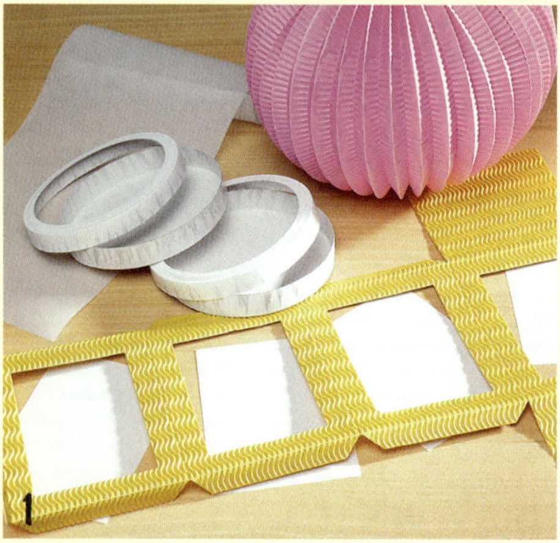

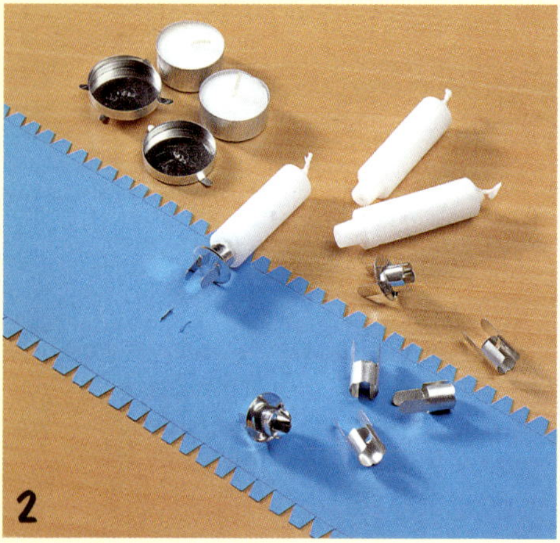

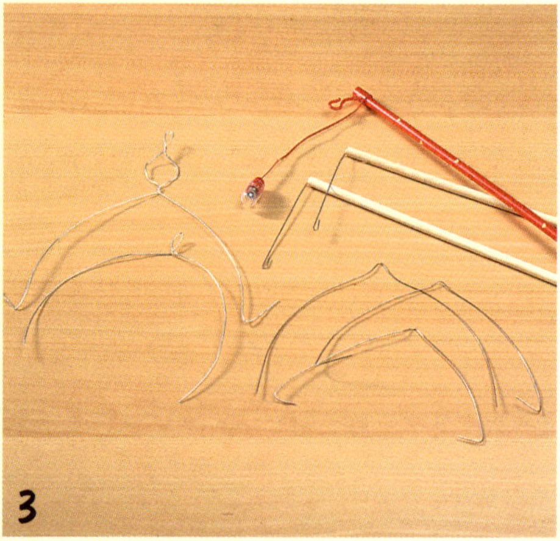

# Grundlegendes zu Laternen

Die meisten der hier vorgestellten Laternen werden nach Vorlagen ausgeschnitten und zusammengeklebt. Neben dieser Möglichkeit hält der Handel Lampions oder eine Reihe an Laternensets bereit, etwa aus Käseschachteln oder Zuschnitte aus Wellpappe, die individuell ausgestaltet werden können. Etwas mehr Arbeit machen Ballonlaternen, die mit Kleisterpapieren hergestellt werden.

## Beleuchtung

Im Fachhandel gibt es spezielle Kerzenhalter für Wachskerzen oder Teelichter, die mit einer daran befestigten Klammer im Laternenboden fixiert werden. In der Regel werden dazu mit dem Schneidemesser zwei kurze, parallele Einschnitte in den Laternenboden vorgenommen, in die die Enden der Klammern eingesteckt werden. Anschließend die Stege auf der Rückseite auseinander biegen. Es gibt für kleine Laternen auch elektrisch beleuchtete Laternenstäbe. Wer bei sehr kleinen Kindern ganz sichergehen möchte, legt einfach eine Taschenlampe in die Laterne hinein.

## Aufhängung

Drahtbügel für die Aufhängung gibt es fertig zu kaufen, oder sie werden aus stabilem Draht selbst hergestellt. Zur Befestigung werden an zwei gegenüberliegenden Stellen der Laterne, meist am Mittelteil, mit der Lochzange oder einer Stopfnadel Löcher vorgestochen. Die Drahtenden hindurchführen, umbiegen und verdrehen. Bei selbst gemachten Bügeln die Öse zum Einhängen des Laternenstabes nicht vergessen.

# Grundkurs
# Vorlagen abpausen

## Grundmaterial:

- *Transparentpapier*
- *Graphitpapier oder Kreidepapier*
- *Bleistift*
- *Schere*
- *Evtl. 2 Büroklammern*

1. Legen Sie das Transparentpapier über das gewünschte Motiv auf dem Vorlagebogen und ziehen Sie mit Bleistift alle Außenkonturen und gegebenenfalls auch die Innenlinien nach. Bevor Sie das Papier abnehmen, sollten Sie überprüfen, ob Sie keine Linien vergessen haben.

2. Platzieren Sie nun die Transparentpapiervorlage auf dem entsprechenden Untergrund. Dazwischen legen Sie das Graphitpapier mit der färbenden Seite nach unten. Damit die Papierlagen nicht verrutschen, können Sie diese an zwei Stellen mit Büroklammern fixieren. Anschließend werden die Linien auf der Transparentpapiervorlage erneut mit Bleistift nachgezogen. Sie drücken sich durch das Graphitpapier auf den Untergrund durch.

3. Teilweise müssen Motivteile gegengleich gearbeitet, also gekontert, werden. In diesem Fall drehen Sie die Transparentpapiervorlage einfach um, bevor Sie diese durch das Graphitpapier auf den Untergrund durchpausen.

**Tipp:** Wollen Sie Motivteile auf einen dunklen Untergrund übertragen, verwenden Sie statt Graphitpapier Kreidepapier.

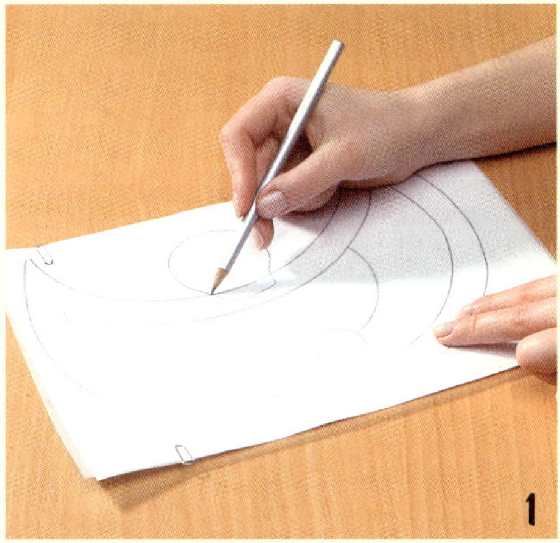


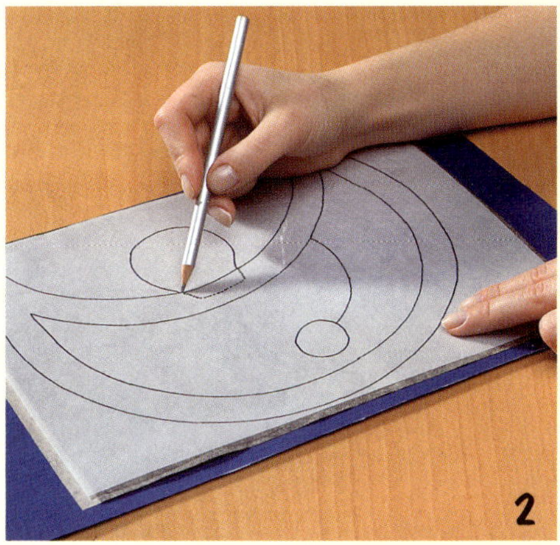

# Grundkurs Motivlaternen basteln

**1.** Bei den meisten Motivlaternen werden Vorder- und Rückseite gleich gearbeitet und mit einem Mittelstreifen, meistens aus Tonkarton oder Wellpappe, verbunden. Schneiden Sie den Kartonstreifen zunächst in der in der Anleitung angegebenen Länge und Breite zu. Bei Wellpappe müssen die Rillen parallel zur kurzen Seite verlaufen, damit sich der Streifen später schön rund legen lässt. Zeichnen Sie nun mit Lineal und Bleistift mit 1 cm Abstand zur Außenkante entlang beider Längsseiten Linien ein. Ritzen Sie diese Linien an, indem Sie das Lineal anlegen und die Linie mit dem Scherenblatt nachfahren.

**2.** Nun werden die markierten Längsseiten jeweils bis an die Falzkante heran im Abstand von etwa 1 cm zackenförmig eingeschnitten. Etwa in der Mitte des Streifens mit dem Schneidemesser zwei kleine, parallele Schnitte für das Leuchtmittel anbringen (vgl. hierzu auch „Grundlegendes zu Laternen" auf Seite 2).

**3.** Knicken Sie die gezackten Falze um – das sind nun Ihre Klebeflächen. Zuerst die Klebeflächen einer Seite mit Klebstoff bestreichen und am Vorderteil der Laterne fixieren, wie in der Anleitung oder auf der Vorlage angegeben. Anschließend die Klebeflächen der gegenüberliegenden Seite mit Klebstoff bestreichen und das zweite Laternenteil ankleben.

**Tipp:** Damit sich Tonkartonstreifen besser einer Rundung anpassen, den Streifen vor dem Einkleben glatt über die Tischkante ziehen.

# Laternen basteln in der Ballontechnik

## Grundmaterial

- *Luftballon*
- *Tapetenkleister*
- *Transparentpapier*
- *Schere, Pinsel*
- *Eventuell wasserfester Filzstift*

**1.** Den Tapetenkleister nach Packungsanleitung anrühren. Inzwischen reißen Sie die entsprechenden Papiere in Streifen oder Stücke. Einen Luftballon aufblasen und mit einem Knoten sichern. Markieren Sie die für die Öffnung vorgesehene Stelle mit Filzstift auf dem Ballon. Dann nach und nach den Ballon mit Kleister bestreichen und die Papierstücke überlappend auflegen.

**2.** Auf diese Weise den Ballon mit Papierstücken umkleben. Die markierte Öffnung dabei aussparen. Die Papiere zwischendurch immer wieder mit Kleisterhänden glatt streichen. Arbeiten Sie insgesamt vier bis fünf Papierschichten.

**3.** Eventuell als letzte Schicht Schmuckpapiere auftragen. Dazu diese ebenfalls mit Kleister bestreichen.

**4.** Den Ballon bei Zimmertemperatur trocknen lassen. Das dauert mindestens zwölf Stunden. Den Luftballon anschließend mit der Scherenspitze an der Öffnung aufstechen oder den Knoten abschneiden. Den geschrumpften Ballon entfernen. Die Papieröffnung mit der Schere nacharbeiten und den Ballon nach Anleitung weiter ausgestalten.

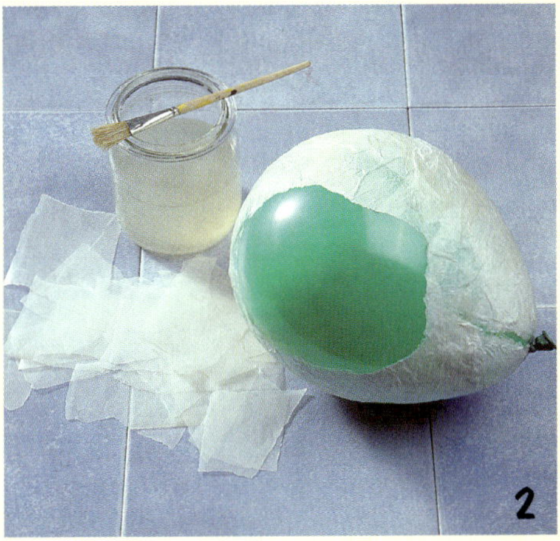

# Stacheligel

1. Den Igel mit Hilfe von Graphitpapier zweimal vom Vorlagebogen auf hellbraunen Tonkarton übertragen und ausschneiden. Die Innenflächen herausschneiden.

2. Hinterkleben Sie die Öffnungen beider Körperteile mit braunem Transparentpapier. Dabei einen Igel seitenverkehrt arbeiten. Das Transparentpapier vor dem Aufkleben zerknüllen, vorsichtig auseinander falten und glatt streichen. Eventuell glatt bügeln.

3. Nun das Ohrinnenteil zweimal auf beigefarbenes, die Nase und das Auge je zweimal auf schwarzes Tonpapier übertragen und ausschneiden. Die Teile auf den Körperteilen fixieren. Mit schwarzem Filzstift den Mund, mit rotem Buntstift die Bäckchen malen. Etwas Deckweiß als Glanzpunkte auf Auge und Nase tupfen.

4. Für das Mittelteil schneiden Sie aus hellbraunem Tonkarton einen 15 x 64 cm großen Streifen zu. Wie auf Seite 4 beschrieben, entlang der Längskanten einschneiden, falzen und zwischen die Körperteile kleben. Am besten am Kopf beginnen.

5. Für die Nase benötigen Sie einen 8 x 13 cm großen Streifen aus schwarzem Tonpapier. Den Streifen entlang einer Längskante mit 2,3 cm Abstand zur Außenlinie anritzen, falzen und um das Mittelteil zwischen die Nasenhälften kleben.

6. Für die Aufhängung in das Mittelteil etwa 1 cm vom Rand entfernt ein Loch stanzen. Die Drahtenden des Bügels einhängen und das Leuchtmittel einsetzen, wie auf Seite 2 beschrieben.

**Tipp:**

*Das geknüllte Transparentpapier lässt sich leichter einkleben, wenn Sie es mit dem Bügeleisen glätten. Dazu einfach bei niedrigster Einstellung direkt über das Papier bügeln.*

## Material:

- Tonkarton in Hellbraun
- Tonpapier in Schwarz, Beige
- Transparentpapier in Braun
- Transparentpapier, Graphitpapier
- Schwarzer Filzstift
- Roter Buntstift
- Deckweiß, Pinsel
- Bleistift, Schere, Klebstoff
- Laternenbügel, Leuchtmittel
- Lochzange

Vorlage 1, Bogen A

# Eisbärkinder

**1.** Übertragen Sie den Eisbären vom Vorlagebogen auf weißen Tonkarton. Das Motiv ausschneiden und entlang der gestrichelten Linie anritzen. Mit schwarzem Filzstift Gesicht und Pfoten aufmalen.

**2.** Nun die runde Innenfläche herausschneiden und mit weißem Transparentpapier hinterkleben. Auf der Vorderseite tupfen Sie mit weißer Farbe kleine Schneeflocken auf das Transparentpapier. Die Farbe trocknen lassen.

**3.** Ritzen Sie in der Mitte des Quadrates mit dem Schneidemesser zwei kleine Striche ein. Jeweils die Klammern des Kerzenhalters durchstecken und die Stege auf der Unterseite auseinander biegen. Das Motivteil im rechten Winkel umknicken und das Teelicht in die Halterung setzen.

## Material:

- *Tonkarton in Weiß*
- *Transparentpapier „extra stark" in Weiß*
- *Marabu-Decormatt Bastelfarbe in Weiß*
- *Schwarzer Filzstift*
- *Pinsel*
- *Bleistift, Lineal, Schere*
- *Graphitpapier, Transparentpapier*
- *Schneidemesser, Schneideunterlage*
- *Klebstoff*
- *Teelicht mit Halterung für Laternen*

**Vorlage 2, Bogen A**

# Vorsicht, giftig!

1. Bekleben Sie den Ballon, wie auf Seite 5 beschrieben, mit fünf Schichten aus roten Transparentpapierstreifen. Dabei lassen Sie für die Öffnung etwa 8 cm unterhalb des Knotens unbeklebt. Trocknen lassen.

2. Inzwischen übertragen Sie die Vorlage für das Auge mit den Innenlinien sowie die keilförmige Halterung je zweimal mit Hilfe von Kreidepapier auf schwarzen Tonkarton. Alle Teile ausschneiden und die Innenflächen der Augen herausarbeiten. Die Augenöffnungen werden jeweils mit gelbem Transparentpapier hinterklebt und auf dem Tonkarton mit Fun Liner Glitter umrandet.

3. Ist das Kleisterpapier trocken, den Luftballon einstechen und entfernen. Den Rand der Öffnung gleichmäßig zuschneiden.

4. Schneiden Sie für die Beine acht jeweils 52 cm lange Biegeplüschstücke zu. Jedes Stück in der Mitte knicken, die Hälften miteinander verdrehen. Rollen Sie je ein Plüschende zu einer kleinen, flachen Schnecke. Die Schnecken mit Klebstoff bestreichen und seitlich am Spinnenkörper je vier Plüschbeine fixieren. Diese in Form biegen.

5. Ein Stück Plüsch nach der Vorlage zum Kreuz legen und auf dem Spinnenrücken fixieren. Das Kreuz mit Fun Liner Glitter verzieren. Die Augen auf die Abstandhalter kleben, über der Körperöffnung anbringen. Je einen 8 cm langen Biegeplüschfühler seitlich unter die Augen kleben. Die Körperöffnung mit Biegeplüsch umkleben.

6. Den Bügel und das Leuchtmittel anbringen, wie auf Seite 2 beschrieben.

## Tipp:

*Schon den Allerkleinsten macht es Spaß, das Papier in Stücke zu reißen und in dem Kleister zu manschen. In jedem Fall den Arbeitsplatz gut abdecken und die Kleidung schützen.*

## Material:

- Luftballon
- 2–3 Bogen Transparentpapier in Rot
- Transparentpapierrest in Gelb
- Tonkarton in Schwarz
- Biegeplüsch in Schwarz
- Marabu-Fun Liner Glitter in Rot
- Tapetenkleister, Pinsel
- Transparentpapier, Kreidepapier
- Schere, Lineal, Bleistift
- Klebstoff, Lochzange
- Laternenbügel

Vorlage 3, Bogen A

# Katz und Maus

## Katze

**1.** Übertragen Sie den Körper zweimal auf schwarzen, die Pfoten und den Stirnfleck je zweimal auf weißen Tonkarton. Alle Teile ausschneiden. Jeweils das Körperinnenteil, die Augen (bis auf die Pupillen) und die Nase herausarbeiten. Den Körper mit weißem, die Augen mit grünem, die Nase mit rosafarbenem Transparentpapier hinterkleben.

**2.** Fixieren Sie jeweils Stirnfleck und Pfoten auf den Körperteilen. Dann beidseitig der Nase mit der Sticknadel je drei Löcher einstechen. Mit weißem Lackstift das Maul und die Lichtpunkte in den Pupillen aufmalen.

**3.** Aus schwarzem Tonkarton einen 12 x 60 cm großen Mittelstreifen arbeiten. Wie auf Seite 4 beschrieben einkleben.

**4.** Vom Biegeplüsch zwölf je 10 cm lange Stücke zuschneiden und als Schnurrhaare in die Löcher neben dem Näschen stecken. Die Enden innen 2 cm breit umknicken.

**5.** Den Laternenbügel und das Leuchtmittel anbringen, wie auf Seite 2 beschrieben.

## Maus

**1.** Zuerst alle Motivteile vom Vorlagebogen auf weißen Tonkarton übertragen und ausschneiden. Kleben Sie den Halbkreis zur Spitztüte, an deren Öffnung Sie die Ohren fixieren. Diese vorher entlang der gestrichelten Linie falzen.

**2.** Schneiden Sie aus weißem Tonpapier einen 10 x 22 cm großen Streifen zu. Das Herz vom Vorlagebogen mittig auf den Streifen übertragen und ausschneiden. Den Herzausschnitt mit rosafarbenem Transparentpapier hinterkleben und bündig um das Glas herumkleben.

**3.** Die Öffnung des Kopfes, die Herzumrisse sowie die Ober- und Unterkante des Glases mit weißem Biegeplüsch umkleben. Dabei an der Unterkante hinten ein etwa 15 cm langes Schwänzchen stehen lassen.

**4.** Kleben Sie die Perle als Nase auf die Spitztüte. Darüber vier je 10 cm lange Baststücke mit der Nadel als Schnurrhaare durch den Tonkarton ziehen. Das Gesicht aufmalen und den Kopf am Körper fixieren.

## Material:

Katze
- *Tonkarton in Schwarz und Weiß*
- *Transparentpapier in Weiß, Rosa und Grün*
- *Lackmalstift in Weiß*
- *Lochzange, Laternenbügel, Leuchtmittel*

Maus
- *Tonpapier in Weiß*
- *Transparentpapier in Weiß*
- *Bastrest in Schwarz, schwarzer Filzstift*
- *Kleine Perle, Ø 8 mm*
- *Becherglas, Ø 6 cm, 10 cm hoch*

**Für beide Tiere**
- *Biegeplüsch in Weiß*
- *Kreide- und Graphitpapier*
- *Schere, Bleistift, Lineal, spitze Sticknadel,*
- *Schneidemesser, Schneideunterlage*
- *Klebstoff*

Vorlage 4, Bogen A

# Fli-Fla-Fledermaus

**1.** Die Fledermaus wird mit Hilfe von Kreidepapier zweimal vom Vorlagebogen auf schwarzen Tonkarton übertragen. Die Augen arbeiten Sie je zweimal aus gelbem, die Zähne je zweimal aus weißem Tonpapier. Nun alle Motivteile ausschneiden und die Innenflächen der Fledermauskörper herausarbeiten. Kinder schneiden die Rundungen am besten mit einer alten Nagelschere.

**2.** Hinterkleben Sie die Innenflächen der Körper mit Regenbogen-Transparentpapier. Dazu die Transparentpapiere etwas größer zuschneiden als die Öffnung (siehe Tipp). Die Augen und die Zähne jeweils auf dem Gesicht fixieren. Die Pupillen werden mit schwarzem Filzstift aufgemalt, der Mund mit rotem, die Linien auf den Flügeln mit schwarzem Fun Liner Magic gestaltet. Die Farben etwa sechs Stunden trocknen lassen.

**3.** Für das Mittelteil schneiden Sie einen 15 cm x 37 cm großen, schwarzen Tonkartonstreifen zu. Jeweils entlang beider Längsseiten einen 1 cm breiten Kleberand anzeichnen, dann die Linien zum Vorfalzen an dem Lineal entlang mit der Scherenspitze nachfahren. Die Klebefalze 1 cm tief zackenartig zuschneiden und aufrichten.

**4.** Nun das Mittelteil zwischen den beiden Körperteilen einkleben. Beginnen Sie dazu am besten mit einem Streifenende hinter dem Kopf der Fledermaus.

**5.** Zum Schluss den Laternenbügel anbringen und das Leuchtmittel einsetzen, wie auf Seite 2 beschrieben.

## Tipp:

*Legen Sie das Transparentpapier zum Hinterkleben der Innenfläche über die Vorlage. Dann die Umrisse der Innenfläche etwa 1 cm neben den durchscheinenden Linien nachziehen.*

## Material:

- *Tonkarton in Schwarz*
- *Tonpapier in Weiß, Gelb*
- *Regenbogen-Transparentpapier*
- *Kreidepapier, Transparentpapier*
- *Marabu-Fun Liner Magic in Kirschrot und Schwarz*
- *Schwarzer Filzstift*
- *Bleistift, Schere*
- *Klebstoff, Lineal*
- *Laternenbügel, Leuchtmittel*
- *Lochzange*

Vorlage 5, Bogen B

# Lieber Mond

**1.** Übertragen Sie den Mond vom Vorlagebogen zweimal auf die Rückseite blauer Wellpappe, die Nase auf roten, das Bäckchen auf rosafarbenen Tonkarton. Das Innenteil jeweils herausschneiden und mit gelbem Transparentpapier hinterkleben.

**2.** Nun fixieren Sie auf einem Mond die Augen und das Bäckchen. Den Mund mit schwarzem Filzstift aufmalen. Die Sterne befestigen Sie auf dem Außenrand.

**3.** Für die Laternenmitte aus blauer Wellpappe einen 12 cm x 60 cm großen Streifen zuschneiden. Wie auf Seite 4 beschrieben, einschneiden und zwischen beide Mondteile kleben. Dabei die Nase mit einfassen.

**4.** Den Laternenbügel am Mittelteil fixieren und das Leuchtmittel einsetzen, wie auf Seite 2 beschrieben.

**Tipp:** *Bei dieser Laterne empfiehlt sich ein elektrischer Laternenstab.*

## Material

- *Wellpappe in Blau*
- *Tonkarton in Rot, Rosa*
- *2 Wackelaugen, Ø 2,5 cm*
- *11 Sternenaufkleber in Gold*
- *Schwarzer Filzstift*
- *Bleistift, Schere, Lineal*
- *Transparentpapier, Graphitpapier*
- *Laternenbügel, Leuchtmittel*

Vorlage 6, Bogen C

# Rasendes Zebra

1. Die Motivteile vom Vorlagebogen zuerst mit Hilfe von Graphit- bzw. Kreidepapier auf entsprechenden Karton übertragen: den Kopf, die Beine und den Schwanz je einmal auf Zebrakarton, die Nüstern und die Hufe je zweimal auf schwarzen Tonkarton. Schneiden Sie alle Teile aus.

2. Nun fixieren Sie die Nüstern beidseitig am Kopf, die Hufe jeweils beidseitig an den Füßen. Anschließend mit der Lochzange an den markierten Punkten am Kopf und am Schwanz Löcher stanzen.

3. Schneiden Sie vom Bast 66 jeweils 20 cm lange Stücke zu. Es werden immer drei Baststücke zusammengefasst und in der Mitte geknickt. Ziehen Sie diese geknickte Mitte mit der Häkelnadel 2 cm weit durch eines der markierten Löcher im Kopf. Dann mit der Nadel die Bastenden von hinten über den Kartonrand nach vorne und durch die Schlinge straff nach oben ziehen. Dies bei allen Löchern wiederholen.

4. Die Bastfäden auf der Stirn ein wenig kürzen. Für den Schwanz sechs Bastfäden bündeln, bis zur Mitte durch das Loch stecken. Straff ziehen und knapp unter dem Karton mit Bast abbinden.

5. Zum Schluss beidseitig die Wackelaugen aufkleben. Dann den zusammengelegten Lampion so auf der Arbeitsfläche platzieren, dass der Bügel oben liegt. Bündig an der rechten Unterkante den Kopf, an der linken Unterkante den Schwanz ankleben. Den Lampion schließen und die Beine jeweils in den Falten der unteren Lampionmitte fixieren.

## Tipp:

*Kinder können hier prima dabei helfen, Löcher zu stanzen und die Bastfäden für die Mähne einzuziehen. Die Laterne zum Schluss mit einem festen Nylonfaden am Laternenstab befestigen.*

## Material:

- Papierlampion in Weiß, Ø ca. 23 cm
- Safarikarton mit Zebramuster
- Tonkarton in Schwarz
- Seidenbast in Schwarz
- 2 Wackelaugen, Ø 1,5 cm
- Dicke Häkelnadel
- Lochzange
- Transparentpapier
- Kreide- und Graphitpapier
- Schere, Bleistift, Klebstoff
- Fester Nylonfaden

Vorlage 7, Bogen C

# Bunter Kugelfisch

**1.** Blasen Sie den Luftballon auf eine Größe von etwa 18 cm x 22 cm auf. Die Öffnung verknoten und den Ballon mit vier Schichten weißem Kleister-Transparentpapier umhüllen (siehe Lehrgang Seite 5). Dabei seitlich eine etwa 12 cm breite und 15 cm lange Öffnung unbeklebt lassen.

**2.** Für die Schuppen das bunte Transparentpapier in etwa 6 cm x 8 cm große Ovale schneiden. Mit Tapetenkleister jeweils überlappend über der letzten Papierschicht auftragen. Alles gut trocken lassen.

**3.** Übertragen Sie den Kopf und die Flosse vom Vorlagebogen je zweimal, den Schwanz einmal auf türkisfarbenen Tonkarton. Alle Motivteile ausschneiden. Die Teile entlang den gestrichelten Linien falzen und entlang den gepunkteten Linien einschneiden.

**4.** Das Auge jeweils mit schwarzem Filzstift ausmalen. Alle Außenkonturen und die Innenlinien mit Fun Liner Glitter nachziehen. Dabei ein Kopfteil seitenverkehrt gestalten. Umranden Sie auch die Schuppen auf dem Körper mit der Glitterfarbe. Auf einigen Schuppen die Glitterfarbe flächig auftragen.

**5.** Den Luftballon aufstechen und entfernen. Die Öffnung gleichmäßig zuschneiden.

**6.** Den Körper mit der Öffnung nach oben auf die Arbeitsfläche legen. Fixieren Sie die Kopfteile beidseitig über einem spitzen Ballonende. Die Mäuler vorne zusammenkleben. Am hinteren Ende wird mit dem Schneidemesser ein Schlitz in den Ballon geschnitten, in den Sie die Schwanzflosse einstecken. In die Bauchunterseite zwei kleinere Schlitze für die Flossen schneiden. Die Einschnitte an den Flossen jeweils umklappen, mit Klebstoff bestreichen und im Ballon fixieren.

**7.** Die Löcher für den Drahtbügel mit der Lochzange in den Körper stanzen und den Laternenbügel darin befestigen.

## Tipp:

*Das Einschneiden des Ballonkörpers mit dem Schneidemesser sollte ein Erwachsener übernehmen.*

## Material:

- *Luftballon*
- *3–4 große Bogen Transparentpapier in Weiß*
- *Transparentpapier in Hellgrün, Rosa, Lila, Hellblau und Dunkelblau*
- *Tonkarton in Türkis*
- *Marabu-Fun Liner Glitter in Smaragd*
- *Tapetenkleister, Pinsel*
- *Schwarzer wasserfester Filzstift*
- *Bleistift, Schere, Klebstoff*
- *Graphitpapier, Transparentpapier*
- *Schneidemesser*
- *Lochzange, Laternenbügel*

Vorlage 8, Bogen C

# Glitzereisbär

**1.** Übertragen Sie alle Motivteile des Eisbären vom Vorlagebogen auf weißen Tonkarton: das Armteil zweimal, den Körper einmal ganz und einmal nur das Bauchteil sowie die Füße. Schneiden Sie alle Teile aus.

**2.** Bei Körper und Bauchteil jeweils die Innenflächen herausschneiden. Das Körperteil von vorne, das Bauchteil von hinten mit weißem Transparentpapier hinterkleben. Gestalten Sie die Vorderseite des durchscheinenden Bauchteiles mit Tupfen weißer Bastelfarbe. Die Farbe trocknen lassen.

**3.** Die Mittellinien der Pfoten sowie Füße und Ohrinnenteile mit Fun Liner Glitter gestalten. Das Gesicht mit schwarzem Filzstift, die Bäckchen mit rotem Buntstift aufmalen.

**4.** Arbeiten Sie für das Mittelteil einen 12 cm x 44 cm großen Streifen aus weißer Wellpappe. Den Streifen einschneiden, wie auf Seite 4 beschrieben, und etwa 1 cm vom äußeren Rand entfernt auf der Rückseite des vorderen Bauchteiles fixieren. Den Eisbärkörper dagegenkleben.

**5.** Bringen Sie an den Pfoten und an den Füßen Klebekissen an. Die Schutzpapiere entfernen und die Füße auf das Bauchteil kleben. Die Armteile umspannen jeweils seitlich das Mittelteil. Das Glitzerband locker um den Bärenhals knoten.

**6.** Biegen Sie den Draht in der Mitte zu einer kleinen Schlinge. Die Wattekugel darauf stecken und den Draht knapp unter der Kugel verdrehen. Die Drahtenden am Mittelteil befestigen und das Leuchtmittel einsetzen, wie auf Seite 2 beschrieben.

## Tipp:

*Sollen Rundungen verklebt werden, am besten beide Flächen mit Klebstoff bestreichen und warten, bis er angetrocknet ist. Die Teile erst dann aneinander pressen.*

## Material:

- Tonkarton in Weiß
- Transparentpapier „extra stark" in Weiß
- Wellpappe in Weiß
- Marabu-Fun Liner Glitter in Silber
- Marabu-Decormatt Bastelfarbe in Weiß
- Pinsel, Bleistift, Klebstoff, Klebekissen
- Graphitpapier, Transparentpapier
- Schneidemesser, Unterlage
- Filzstift in Schwarz, Buntstift in Rot
- Silberdraht, Leuchtmittel, Wattekugel, Ø 2 cm
- Glitzerband, ca. 60 cm lang
- Lineal, Schere, Lochzange

Vorlage 9, Bogen D

# Grüße vom Mars!

**1.** Legen Sie die Seitenteile aus Windradfolie nacheinander mittig über die entsprechenden Motive auf dem Vorlagebogen. Damit beim Malen nichts verrutscht, die Folie am besten an zwei Stellen mit Klebefilm fixieren.

**2.** Zunächst alle Konturen mit Konturenfarbe nachziehen. Die Farbe nach Flaschenaufschrift trocknen lassen. Dann die Innenflächen mit Window-Color-Farbe ausfüllen. Dabei die Farben bis dicht an die Konturen heranziehen. Die Farben gut trocknen lassen.

**3.** Die gestalteten Folienteile werden mit Klebefilm jeweils von innen hinter den Laternenausschnitten fixiert. Die Laterne an den Klebeflächen zusammenkleben. Nach Belieben einige Wellpapperillen mit silberfarbenem Fun Liner Glitter verzieren.

**4.** Zum Schluss den Laternenbügel anbringen.

## Tipp:

*Im Handel gibt es spezielle Fertiglaternensets für Window Color, in denen die transparenten Seitenteile bereits zugeschnitten enthalten sind. Alternativ Windradfolie separat kaufen und jeweils etwas größer als die Fensterausschnitte zuschneiden.*

## Material:

- *Fertiglaterne für Window Color aus Wellpappe in Rot*
- *Klebefilm, Klebstoff*
- *Marabu-Fun Liner Glitter in Silber*
- *Marabu-Window Color fun & fancy in Konturen-Grau, Azurblau, Orange, Terrakotta, Reseda, Olivgrün, Rubinrot, Karibik, Gelb*

Vorlage 10, Bogen B

# Löwenstark!

**1.** Übertragen Sie die Motivteile des Löwengesichtes je zweimal auf Tonkarton in entsprechender Farbe: das Gesicht auf Hellbraun, die Augen auf Weiß, Pupillen, Nase und Augenbrauen auf Schwarz. Die Punkte für die Mähne nur auf ein Gesichtsteil durchpausen. Alle Teile ausschneiden, aus beiden Gesichtsteilen die Innenflächen herausarbeiten. Jeweils die Öffnungen im Augenbereich mit gelbem, die des Maules mit weißem Transparentpapier hinterkleben.

**2.** Fixieren Sie auf beiden Vorderseiten Augen, Augenbrauen und Nase. Unter der Nase jeweils einige kurze Bastfäden als Schnurrhaare mit einfassen. Die Pupillen, die Backen und die Augenbögen mit schwarzem Filzstift umranden. Das Maul aufmalen und Glanzlichter auf die Pupillen setzen.

**3.** In das Gesichtsteil mit den Markierungen für die Mähne Löcher einstanzen. Den Bast in je 20 cm lange Stücke schneiden. Jeweils drei Baststücke (immer eines in einer anderen Farbe) zusammenfassen, zur Hälfte legen und mit der Häkelnadel von hinten nach vorne 2 cm weit durch ein Loch ziehen. Die Nadel stecken lassen und damit die Bastenden über die Kartonkante nach vorne und durch die Schlinge straff nach oben ziehen.

**4.** Für das Mittelteil einen 13 cm x 58 cm großen, braunen Tonkartonstreifen zuschneiden. Wie auf Seite 4 beschrieben, einschneiden und entlang der Linie neben den Löchern um ein Gesichtsteil kleben. Das zweite Gesichtsteil fixieren. Den Laternenbügel und das Leuchtmittel anbringen, wie auf Seite 2 beschrieben.

## Tipp:

*Wer will, flechtet aus einigen Bastfäden einen etwa 25 cm langen Schwanz. Stechen Sie ein Loch in den Laternenboden, stecken Sie den Schwanz hindurch und kleben Sie ihn innen fest.*

## Material:

- Tonkarton in Hellbraun, Weiß und Schwarz
- Transparentpapier in Gelb und Weiß
- Seidenbast in Gelb und Orange, je 1,5 Strang
- Schwarzer Filzstift
- Weißer Buntstift
- Dicke Häkelnadel
- Transparentpapier, Graphitpapier
- Bleistift, Schere
- Silberdraht, ca. 60 cm
- Lineal, Klebstoff
- Lochzange, Leuchtmittel

Vorlage 11, Bogen D

# Lustiger Kürbis

1. Übertragen Sie den Kürbis vom Vorlagebogen mit allen Innenlinien zuerst auf Transparentpapier. Nun wird der Kürbis mit Hilfe von Kreidepapier viermal auf schwarzen Tonkarton durchgepaust. Dabei von den Innenlinien nur die innere Kürbiskontur markieren. Schneiden Sie die Kürbisse aus. Die Innenteile jeweils bis an die markierte Linie heran herausarbeiten.

2. Die Windradfolie zweimal auf die Transparentpapiervorlage legen und die gepunktete Linie sowie die Konturen des Gesichtes mit Konturenfarbe nachziehen. Eines der Kürbisgesichter dabei gegengleich arbeiten. Die Farbe trocknen lassen.

3. Die Folienmotive mit Window-Color-Farben ausmalen und wiederum gut trocknen lassen. Die Motive jeweils entlang den Außenkonturen aus der Windradfolie ausschneiden.

4. Jeder Folienkürbis wird mittig zwischen zwei deckungsgleich liegende Tonpapierkürbisrahmen geklebt.

5. Schneiden Sie nun für das Mittelteil einen 10 cm breiten und 50 cm langen Streifen aus schwarzem Tonkarton zu. Den Streifen jeweils links und rechts entlang der langen Seiten, wie auf Seite 4 beschrieben, anritzen und zackenartig einschneiden. Anschließend bündig mit den Außenkanten zwischen den beiden Kürbishälften einkleben.

6. Den Laternenbügel am Mittelteil befestigen und das Leuchtmittel einsetzen, wie auf Seite 2 beschrieben.

## Tipp:

*Kindern fällt das Ausmalen mit Window Color leichter, wenn Sie die Windradfolie über dem Transparentpapier an zwei Stellen mit Klebefilm fixieren, damit nichts verrutscht.*

## Material:

- Tonkarton in Schwarz
- Windradfolie
- Transparentpapier
- Kreidepapier
- Schere, Bleistift
- Marabu-Window Color fun & fancy in Konturen-Schwarz, Orange, Hellgrün, Schwarz und Weiß
- Klebstoff, Lineal
- Laternenbügel, Leuchtmittel
- Lochzange

Vorlage 12, Bogen D

# Für Zwerge

**1.** Übertragen Sie alle Motivteile des Zwerges mit Hilfe von Graphitpapier vom Vorlagebogen auf farblich passende Untergrüde: den Vollbart und den Oberlippenbart je zweimal auf weißen Tonkarton, die Mütze zweimal – davon einmal seitenverkehrt! – auf hellroten, die Nase zweimal auf dunkelroten Tonkarton und das Gesichtsteil zweimal auf hautfarbenes Ton-papier. Zudem arbeiten Sie zwei Ohren aus hautfarbenem Tonpapier sowie vier Augen aus weißem und vier Pupillen aus schwar-zem Tonpapier. Alle Teile ausschneiden.

**2.** Das Innenteil des Vollbartes wird jeweils herausgeschnitten und mit weißem Transparentpapier hinterklebt. Die Transparentpapierstücke müssen hierzu etwas größer sein als die Öffnung.

**3.** Nun ein Gesichtsteil, dann die Mütze, den Oberlippenbart und die Nase jeweils nach der Vorlage auf ein Vollbartteil kleben. Den Oberlippenbart dabei nur im mittleren Bereich fixieren, damit die Bartenden abstehen. Kleben Sie auf beide Zwergenköpfe die Augen und die Pupillen auf. Die Bäckchen werden mit rotem Buntstift, der Mund mit schwarzem Filzstift gestaltet.

**4.** Für das Mittelteil benötigen Sie einen 14,5 cm x 49 cm großen Streifen weiße Wellpappe. Er wird, wie im Grundkurs „Motivlaternen basteln" auf Seite 4 beschrieben, an beiden Längsseiten je 1 cm breit angeritzt und zu spitzen Klebedreiecken zugeschnitten. Fixieren Sie das Mittelteil zwischen den beiden Zwergenköpfen, indem Sie die Mitte des Streifens beidseitig an der jeweils unteren Mitte der Köpfe ansetzen.

**5.** Nun die Ohren entlang der gestrichelten Linien vorfalzen und mit diesem Klebefalz jeweils seitlich am Mittelteil befestigen.

**6.** Je ein Glöckchen mit einem roten Faden an der Spitze der Mützen annähen.

**7.** Den Drahtbügel am Mittelteil befestigen und die Beleuchtung anbringen, wie auf Seite 2 beschrieben.

## Material:

- *Tonkarton in Weiß, Hellrot, Dunkelrot*
- *Tonpapier in Hautfarbe, Weiß, Schwarz*
- *Transparentpapier in Weiß*
- *Wellpappe in Weiß*
- *Roter Buntstift*
- *Schwarzer Folienstift*
- *2 Glöckchen*
- *Roter Nähfaden, Nadel*
- *Transparentpapier, Graphitpapier*
- *Schere, Klebstoff*
- *Lineal, Lochzange*
- *Laternenbügel, Leuchtmittel*

**Vorlage 13, Bogen B**

# Impressum

**Redaktion:** Katja Rötzer
**Modell-Entwurf und Realisation:**
Anke Fürst, Ulrike Hundhammer, Anna Padberg,
Monika Neubacher-Fesser
**Programmleitung:** Susanne Klar
**Lektorat:** Günther Albrecht, Ulrike Bogatz
**Fotos:** Inge Ofenstein
**Styling:** Ulrike Hundhammer
**Covergestaltung:** Dirk Beestermöller
**Druck und Verarbeitung:** J. P. Himmer, Augsburg

ISBN 3-89858-314-7



Autorinnen und Verlag haben alle Angaben und Anleitungen mit größtmöglicher Sorgfalt zusammengestellt. Dennoch kann bei Fehlern keinerlei Haftung für direkte oder indirekte Folgen übernommen werden.

# Herstellerverzeichnis:

**Farben und Lacke:**
Marabuwerke GmbH & Co.
Asperger Str. 4
71732 Tamm

**Hobby- und Bastelbedarf:**
Rayher Hobby, KnorrPrandell, Heyda Werk,
alle über Hobby- und Bastelfachandel